Guida Immobiliare

Vendere o Acquistare Casa da Privato

- Da che parte iniziare
- Come pianificare le fasi
- Quali documenti servono

a cura di:

www.vendesicasaprivatamente.it

SOMMARIO

PRESENTAZIONE — 9

Perché un manuale completo, ma snello — 10
Nota metodologica e suggerimenti professionali — 11

ANDAMENTO DEL MERCATO IMMOBILIARE ITALIANO — 13

Il mattone rassicura ancora: uno sguardo al 2018, cosa dice l'Istat — 13
Rilievi Istat e mappa dello stivale: consapevolezza e vantaggio — 15
Italia divisa per zone: leggere i dati con un occhio alle mappe — 16
È tempo di comprare e di vendere? Previsioni 2019 — 17
Niente panico: scegliere attentamente l'immobile e il mutuo — 18

**HOME STAGING:
COME RENDERE ATTRAENTE UN IMMOBILE** — 19

Preparare un immobile per la vendita aiuta a collocarlo più velocemente — 19
Quanto tempo ci vuole per vendere un appartamento? — 20
L'importanza di distinguersi: immagine e prima selezione online — 21
Visto, piaciuto: come ti trasformo casa — 22
Come. Fai da te o home stager professionista — 23
Home Staging Italia e Home Staging Lovers — 24

VENDERE UN IMMOBILE: DOCUMENTI NECESSARI — 25

Rogito, APE, Planimetria. Certificato di agibilità, novità 2019 — 25
Preliminare di compravendita o compromesso: cosa, quando e come — 26
Caparra, acconto e penali — 27
Tutti i documenti: vediamoli da vicino — 28
Documenti personali: ritardi e sviste — 29

**COME VALUTARE UN IMMOBILE PER LA VENDITA
E L'ACQUISTO** — 30

Definire il prezzo: criteri di mercato e di valorizzazione specifica — 30
Quotazioni immobiliari: cosa sono — 32
Criteri di valutazione e coefficienti di merito — 33
Formula matematica e stima sintetica: ma la realtà cambia da provincia a provincia — 35
Essere 'fuori prezzo' non paga — 36

MARKETING IMMOBILIARE:
STRATEGIA E PIANIFICAZIONE 37

Pianificare la diffusione degli annunci: vendere più in fretta e meglio 37
Dare visibilità: il web è imprescindibile e conveniente 38
Affidabilità: selezionare i siti web 39
Farsi trovare dall'acquirente senza intermediari 40
Messaggi di vendita da privato multilingua 41
Annunci immobiliari offline: risorsa sempre valida 42

TASSAZIONE E FISCALITÀ IMMOBILIARE 43

Vendere e comprare casa: chi e quanto si paga 43
La plusvalenza che può essere tassata 44
Tasse vendita seconda casa 45
Tasse acquisto prima casa 46
Casistica e agevolazioni prima casa 47
Imposte acquisto seconda casa 48

BONUS CASA E MUTUI 49

La Legge di Bilancio premia i cittadini virtuosi e previdenti 49
Bonus Casa 2019: Ristrutturazione Ordinaria e Straordinaria 50
Ecobonus 2019 e Bonus Caldaie: premia il risparmio energetico 50
Bonus Mobili ed elettrodomestici: come funziona 51
Bonus Verde 52
Sismabonus 2019: in vigore fino al 2021 52

MUTUI GREEN 53

L'ecososteniblità conviene. Gli istituti bancari moltiplicano le offerte 53
Studi di efficienza energetica e miglior rating 54
A chi conviene un mutuo green 54
Comprare, ristrutturare, costruire con Mutuo Green
55

RISPARMIO ENERGETICO:
PERCHÉ CONVIENE RISTRUTTURARE GREEN 57

Pellet e legna: perché preferire la qualità 58
PM10 in città: cause e responsabilità 59
Caratteristiche: come scegliere il pellet 60
Le percentuali di vantaggio dell'ecobonus 62

RINGRAZIAMENTI 65

Una guida pratica per orientarsi nella compravendita di immobili tra privati

Per non perdere tempo e arrivare all' **obiettivo** *nel modo più fruttuoso*

Copyright © AZ Visual Design - Tutti i diritti riservati

Nessuna parte e/o contenuto di questo libro può essere riprodotta, distribuita, o trasmessa; incluse fotocopie, registrazioni o altri metodi meccanici o elettronici, senza previo consenso scritto da parte dell'editore; eccetto nel caso di brevi citazioni incluse in recensioni o altri usi non-commerciali permessi dalla legge.

PRESENTAZIONE

È davvero possibile vendere o comprare casa da privato a privato, senza l'aiuto di intermediari, provvedendo alla documentazione necessaria, arrivando all'atto notarile senza eccessivi affanni?

La risposta è sì.

L'importante è disporre di tutte le informazioni utili e pianificare i diversi passi, dalla decisione di vendere alla scelta dei canali di vendita, dall'accoglienza dei possibili acquirenti alla preparazione dei documenti.

La nostra esperienza e i nostri suggerimenti vi saranno di aiuto per organizzare i diversi momenti.

Perché un manuale completo, ma snello

È importante conoscere i diversi momenti che portano alla conclusione di una compravendita.

Non ci si improvvisa, ma, avendo chiaro l'obiettivo e i diversi passaggi, si può agire in modo consapevole, corretto e sicuro.

Si può vendere e comprare casa privatamente senza l'intermediazione di un'agenzia, ma in modo sicuro.

Sarà il notaio prescelto a indicare e poi verificare la documentazione necessaria per l'atto.

Certamente sarà importante provvedere la documentazione di vendita in modo completo e corretto, per non causare ritardi e anche far salire i costi del notaio stesso, e dello staff che lo supporta.

Nelle prossime pagine troverete una guida semplice, ma esaustiva che vi accompagnerà nelle diverse fasi della vendita del vostro appartamento, della vostra casa.

Una serie di indicazioni pratiche e chiare, utili a formare una mappa, un calendario di lavoro affinché non sfuggano passaggi importanti per la riuscita soddisfacente e possibilmente rapida del progetto di vendita.

Perché di progetto si tratta: vendere o comprare casa può essere faticoso insieme agli altri impegni lavorativi e personali, ma è entusiasmante.

Ci mette in contatto con molte persone e porta sempre nuove conoscenze, nuove competenze e nuovi stimoli!

Nota metodologica e suggerimenti personali

Abbiamo messo a disposizione la nostra esperienza e l'abbiamo integrata con tutte le informazioni utili e necessarie a compiere l'intero processo: sì, perché decidendo di vendere o comprare casa privatamente dobbiamo essere consapevoli che, a fronte di un risparmio non indifferente, sarà necessario un maggior impegno da parte nostra.

E alla fine una maggior soddisfazione.

La differenza, tra decidere di vendere casa privatamente o affidarsi a dei professionisti, è data essenzialmente dal tempo che vogliamo o possiamo dedicare a seguire le varie fasi: dalla ricerca dell'acquirente, alla selezione e contrattazione, alla verifica della sua serietà, alla preparazione dei documenti.

E magari contemporaneamente ci ritroveremo dalla parte del compratore perché staremo vendendo per acquistare a nostra volta una casa più grande o semplicemente in un altro quartiere o città e dovremo cercare un mutuo d'acquisto.

Il principale suggerimento che vogliamo dare a chi ci leggerà è di avere chiari i passaggi e non sottovalutarne nessuno: tutto risulterà più semplice.

Spesso non si hanno le idee chiare su come pubblicizzare la vendita del nostro appartamento, oppure si trascura l'importanza di stabilire il prezzo dopo aver verificato con attenzione e non solo con sentimentalismo, i prezzi di mercato della zona.

Spesso poi, ma sempre meno, non si valuta l'importanza di presentare bene l'immobile che mettiamo in vendita.

Acquistando, invece, si rischia di essere superficiali nel verificare tutte le opportunità di mutuo oggi disponibili sul mercato: la ristrutturazione che voglia rispettare dei canoni di eco-sosteniblità è oggi infatti favorita e incentivata.

ANDAMENTO DEL MERCATO IMMOBILIARE ITALIANO

Il mattone rassicura ancora: uno sguardo al 2018, cosa dice l'Istat

Comprare casa è per gli italiani ancora una sicurezza, e non si tratta di pensieri più o meno zuccherosi e romantici.

Riversare ogni mese una quota su un mutuo invece che su un affitto è ritenuto un investimento nel breve e nel lungo termine, e una tutela nell'imprevisto.

Superata infatti ormai la nostra nazionalissima bolla immobiliare, il calo record di vendite nel 2013 e di prezzi nel 2017, grazie al quantitative leasing lanciato dalla BCE nel 2014, un acquisto serio difficilmente potrà svalutarsi: resterà per il futuro, potrà eventualmente essere messo fruttuosamente in affitto, potrà essere rivenduto con un ricavo di valore coerente anche nel tempo.

I rilievi dell'Istat[1] sul mercato immobiliare, esaminato su compravendite e mutui di fonte notarile, confermano un «contesto di crescita persistente dei volumi di compravendita», con un «+6,7% l'incremento tendenziale registrato per il terzo trimestre del 2018 dall'Osservatorio del Mercato Immobiliare dell'Agenzia delle Entrate per il settore residenziale».

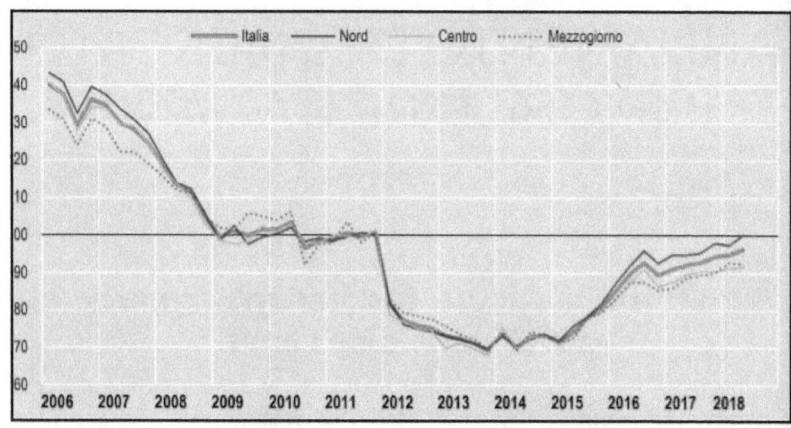

ISTAT – Indice generale delle compravendite:
1° Trimestre 2006 – 2° Trimestre 2018

Diversa la situazione dei prezzi delle case: nel 2° Trimestre 2018[2] si rileva una crescita del 1,7% per le unità immobiliari ad uso abitativo, rispetto al trimestre precedente.

Mentre nel 3° Trimestre una diminuzione dello 0,8%.

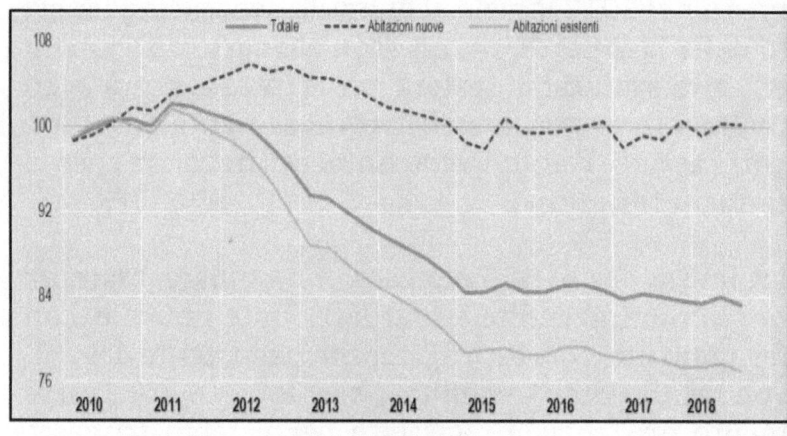

ISTAT – Indice dei prezzi della abitazioni nuove ed esistenti (IPAB):
1° Trimestre 2010 – 3°Trimestre 2018

Rilievi Istat e mappa dello stivale: consapevolezza e vantaggio

I dati confermano un trend che si percepisce e che conforta chi vuole comprare o vendere un'abitazione: lentamente, ma il mercato è in ripresa.

Diversa però la situazione nelle varie parti d'Italia: sia per volume di compravendite, sia per prezzi.

Quindi attenzione a esaminare bene i dati che possiamo trovare circa la zona dove vogliamo comprare o vendere.

Osserviamo i grafici, raccogliamo i dati che saranno prodotti nei prossimi mesi, e potremo fare un acquisto o una vendita consapevole e da sfruttare realisticamente nel tempo.

Italia divisa per zone: leggere i dati con un occhio alle mappe

Nel Nord-Ovest d'Italia, Lombardia e Piemonte in testa ma anche Liguria, qualcosa di muove.

Le transazioni immobiliari crescono anche al Centro e al Sud.

Quelle che realmente stentano a ripartire sono le Isole: i segnali ci sono, ma molto più lenti rispetto alle altre aree geografiche del Paese.

Valutando prezzi e andamenti, dobbiamo sempre considerare se stiamo cercando di comprare o vendere casa in un capoluogo di provincia, in un paese di modeste dimensioni, oppure in una località turistica.

Nel bene e nel male, infatti, il mercato si contagia!

Giusto due dati per notare le differenze:

in tutto il 2017 nel Nord Ovest ci sono state 187.482 compravendite, nel Nord Est 103.972, al Centro 111.832, al Sud 92.498, nelle Isole 46.697.

Con qualche particolarità da nord a sud, come l'aumento di compravendite in grandi città come Verona (+8,2%) e Bari (+13,7%).

È tempo di comprare e di vendere?
Previsioni 2019

Pare di sì, che sia il momento giusto.

Le previsioni degli analisti di settore dicono che nel 2019 i prezzi dovrebbero rimanere quasi invariati tranne in Lombardia, dove si prevede una crescita intorno all'1,5%, mentre nel 2020 dovrebbero cominciare a salire.

Il 'contagio' è di fiducia, insomma.

Guardando le previsioni di Nomisma, nel 2019 in Italia si dovrebbero raggiungere le 586.412 compravendite, e nel 2020 arrivare a 594.694, insomma ben lontani dal drammatico 2013 che videro un totale nazionale di sole 389.696 compravendite di immobili residenziali.

Niente panico:
scegliere attentamente l'immobile e il mutuo

Il momento è favorevole non solo per il rapporto qualità-prezzo che mediamente si può ottenere cercando attentamente un appartamento o una casa.

Ci sono buone notizie per quanto riguarda i mutui.

Per prima cosa quindi, dirigere l'attenzione sulle caratteristiche di un possibile immobile adatto alle nostre esigenze e sulla zona favorevole dove trovarlo al miglior prezzo.

Prezzi stabili al ribasso si confermano, infatti, quelli di appartamenti e case nelle zone periferiche e di prima cintura delle grandi città e nei centri di provincia, ormai però solitamente ben collegati anche attraverso i mezzi di trasporto pubblici per chi volesse pendolare rispetto al luogo di lavoro.

In seconda battuta la ricerca del mutuo migliore.

Il mercato bancario e finanziario nel mette a disposizione tipologie vantaggiose, anche orientate a promuovere chi voglia acquistare, edificare o ristrutturare secondo criteri ecologici.

HOME STAGING
Come rendere attraente un immobile

Preparare un immobile per la vendita aiuta a collocarlo più velocemente

Migliorare l'aspetto di un appartamento significa valorizzarne l'immagine agli occhi del possibile acquirente.

È indice di attenzione e cura verso una proprietà e, potenzialmente, del nostro stile di relazione e affidabilità.

Mettiamoci nei panni di un possibile acquirente, e ricordiamo le nostre prime impressioni quando abbiamo cercato casa: posto che ognuno ha una propria capacità di immaginazione, entrare in un ambiente ordinato e non ingombro di qualunque cosa aiuta a capire meglio gli spazi e le potenzialità.

L'home staging attua -*mette in scena, dall'inglese*– piccoli cambiamenti, non necessariamente permanenti, per offrire un colpo d'occhio accattivante su un ambiente da vendere o affittare, mettendone in luce le potenzialità.

È un'arte e una competenza professionale.

Con qualche suggerimento è però tutto sommato realizzabile da parte di chiunque.

Spostare o rinnovare a costi contenuti gli arredi di un appartamento è ormai riconosciuta come una tecnica di marketing piuttosto rapida da attuare, ma dai grandi vantaggi in termini di tempo e valore nella conclusione di una vendita.

Quanto tempo ci vuole per vendere un appartamento?

È la domanda che interessa tutti, perché una volta presa la decisione di vendere il proprio appartamento non si vuole 'restare in ballo' all'infinito.

Vendere e comprare casa è impegnativo, anche solo per la necessità di conciliare le visite con i propri orari lavorativi e famigliari.

Vediamo insieme qualche dato orientativo e incoraggiante.

Dati di Banca d'Italia e Tecnoborsa per l'anno 2017 danno una permanenza media di 282 giorni sul mercato di un immobile prima della sua vendita e un ridimensionamento fino a 64 dopo un intervento di home staging.

Rifare il look ad una abitazione, un po' rapidamente e in modo non invasivo, quindi, rende.

Il vantaggio è evidente pensando anche al calo del prezzo di vendita che aumenta col trascorrere del tempo che l'immobile passa invenduto sul mercato: solitamente è del 16%, mentre dopo un piccolo rinnovo è di circa solo l'8%.

L'importanza di distinguersi: immagine e prima selezione online

Tra le centinaia di case in vendita è fondamentale attirare velocemente l'attenzione sul proprio immobile, distinguersi.

La prima scrematura avviene ormai online ed è imperativo che uno dei primi click sia sul nostro immobile o meglio sulla fotografia principale e su quelle interne al nostro annuncio di vendita.

Vendere casa da privato richiede determinazione, metodo e serietà: maggiore attenzione viene dedicata ai dettagli preparatori di una presentazione e di una trattativa, meno tempo si impiegherà a concludere, e con maggiore vicinanza al prezzo che si vuole ottenere.

Le fotografie dell'appartamento, della casa o dell'esercizio commerciale in vendita devono valorizzare ciascun ambiente, perché il tempo che si potrà dedicare al primo sguardo è fondamentale ed è sempre poco: attenzione quindi alla direzione di inquadratura dello scatto e alla scelta dei giochi di luce naturale o artificiale.

Piuttosto è meglio affidarsi ad un professionista, sarà un investimento tutto sommato contenuto e di grande efficacia sul risultato finale.

Visto, piaciuto: come ti trasformo casa

A fotografie gradevoli dovrà seguire l'accoglienza in un ambiente che metta davvero in risalto le proprie potenzialità: non tutti, per indole o per tempo, hanno la capacità di vedere un ambiente "come sarà dopo la mia personalizzazione".

Si calcola che la maggior parte delle persone decida l'acquisto nei primi 90 secondi dall'ingresso nell'immobile per la prima volta.

Ed è poi un segno di affidabilità il fatto che l'appartamento sia come in foto.

Attirare inutilmente visitatori non serve.

L'home staging si rivela quindi decisivo e non bisogna pensare che comporti costi elevati per lo studio e la realizzazione.

È necessario innanzitutto comprendere che non sempre il futuro acquirente utilizzerà gli spazi come noi e che il gusto è in veloce trasformazione in direzione di spazi e arredi poco ingombranti e pareti non troppo cariche di decori.

Mostrare spazi interni non troppo personalizzati è spesso di grande aiuto al futuro acquirente.

Non a caso l'home staging, come tecnica e professione, è nato negli Stati Uniti ed è ora anche in Europa e in Italia una professione in crescita.

Come. Fai da te o home stager professionista

Vendere casa da privato richiede maggiori attenzioni, ma anche affidandosi ad una agenzia è bene mettere a budget e realizzare anche solo piccole azioni di home staging.

E avere l'umiltà di affidarsi a professionisti se si ritiene di non avere occhio per le tendenze del mercato o soprattutto di non avere il tempo di progettare un piano di lavoro e realizzarlo.

Pubblicizzare male un immobile è infatti uno dei primi errori da non commettere.

E non ristrutturare, o rinfrescare gli ambienti, prima di vendere può allo stesso modo rivelarsi spesso un errore.

Anche l'occhio vuole la sua parte e ambienti troppo vissuti, poco luminosi e affollati di arredi non si lasciano apprezzare e non danno la reale percezione degli spazi disponibili.

Home Staging Italia e Home Staging Lovers

La fortuna del canale televisivo Fine Living accredita presso il consumatore italiano non solo una passione, ma anche la consapevolezza di una professionalità.

Fatte le debite proporzioni è chiaro che non è mai un vantaggio improvvisarsi in una professione, soprattutto in rapporto alla rapidità e consistenza dei risultati che si vogliono ottenere.

Home stager si diventa: si studia, attraverso corsi specifici; si acquisisce una deontologia e una competenza tecnica e legislativa; e si fa pratica con altri professionisti.

In Italia esistono numerose realtà accreditate per la formazione e in particolare due che raggruppano e garantiscono, la professionalità degli home stager affiliati: Home Staging Italia e Home Staging Lovers.

Animo però!

Rispetto al fatto che eliminando mobili e quadri in eccesso, cambiando con poca spesa qualche tenda o la disposizione di qualche arredo, le stanze acquisteranno quella ariosità che farà sembrare gli spazi moltiplicati.

VENDERE UN IMMOBILE
Documenti necessari

Rogito, Ape, Planimetria. Certificato di agibilità, novità 2019

La documentazione necessaria per la compravendita di un immobile è definita ed è bene iniziare a prepararla già in fase di ricerca degli acquirenti, quando si immette sul mercato l'immobile tramite annunci immobiliari privati.

Rogito, APE, planimetria catastale ed eventuali variazioni con relativi permessi edili, visura ipotecaria e il certificato di agibilità, introdotto dal 2019, sono i documenti che il venditore deve produrre già in fase di stipula del preliminare di vendita della propria casa, appartamento o altro.

All'atto di vendita effettivo, lasciando quindi un certo margine di tempo per la preparazione, chi vende l'immobile dovrà anche rendere disponibile il regolamento condominiale, se esiste, ovviamente.

Non sono moltissimi, ma potremmo non averli già tutti a disposizione, o averli smarriti nel tempo, e in caso di trattative rapide è meglio preparali prima.

Il principio è farsi trovare preparati, perché quando i tempi si faranno stretti si accavalleranno impegni ordinari e straordinari e tutto quello che avremo fatto sarà un pensiero in meno!

Preliminare di compravendita o compromesso: cosa, quando e come

Al preliminare di vendita (o compromesso) si può infatti arrivare piuttosto rapidamente se, in fase di pubblicizzazione tramite annunci immobiliari privati, l'immobile è stato messo in vendita al suo reale prezzo di mercato e con i dovuti passi di marketing per renderlo visibile nei siti web di settore e con una buona presentazione fotografica.

Il preliminare di compravendita di un immobile è un contratto a tutti gli effetti: che sia una scrittura privata o venga firmato davanti a un notaio, va redatto in forma scritta.

Impegna infatti le parti, dette venditore-promittente e acquirente-promittente, a procedere con un futuro atto di vendita secondo i termini che nelle sue pagine vengono stabiliti: prezzo di vendita, caratteristiche e indirizzo dell'immobile, planimetrie, Attestato di Prestazione Energetica.

Caparra, acconto e penali

In un preliminare di compravendita non meno importanti sono le clausole accessorie.

Esse infatti definiscono: data di stipula del contratto definitivo di vendita, la caparra e la penale da pagare in caso di mancato acquisto o vendita da parte di chi cambiasse idea, per qualunque motivo pur validissimo.

La registrazione del preliminare presso l'Agenzia delle Entrate entro 20 giorni dalla stipula, 30 se firmato davanti al notaio e 60 se l'atto viene trascritto all'estero, ha dei costi, ma tutela il promittente-acquirente in caso il venditore decida di vendere ad altri.

La trascrizione nei pubblici registri immobiliari non ha invece costi.

Attenzione alla differenza tra acconto e caparra confirmatoria.

L'acconto infatti è una vera anticipazione del prezzo di vendita mentre la caparra verrà restituita alla firma dell'atto vero e proprio di acquisto o, in quella sede, inserito nel prezzo totale.

Tutti i documenti: vediamoli da vicino

Il Rogito notarile di acquisto della casa o dell'immobile da vendere è un documento fondamentale perché definisce esattamente chi sia il proprietario dell'immobile e come ne sia entrato in possesso: acquisto precedente, successione (eredità), donazione.

Viene completato dalla Visura Ipotecaria che certifica che la casa non è gravata da ipoteche, decreti ingiuntivi o pignoramenti e si ottiene gratis e online dall'Agenzia delle Entrate.

L'Attestato di Prestazione Energetica (APE) e la Planimetria catastale sono gli altri due documenti immediatamente necessari per i quali è bene iniziare a consultare i professionisti che possono aiutare ad ottenerli.

L'APE è un documento obbligatorio sia per la compravendita, sia per l'affitto di immobili: attesta la classe energetica dell'immobile in base al consumo invernale ed estivo, vale 10 anni e può essere rilasciata solo da un tecnico autorizzato.

La planimetria catastale attesta che l'immobile che viene messo in vendita corrisponde, nelle varie parti e con le eventuali modifiche avvenute negli anni, alla descrizione presente presso il catasto.

Se non si possiede una planimetria aggiornata bisogna rivolgersi ad un professionista autorizzato, geometra, ingegnere o architetto, per redigere una nuova planimetria e registrarla presso il catasto.

La certificazione di agibilità dell'immobile è la novità introdotta dal 2019 sia per la vendita, sia per l'affitto di un immobile.

Attesta il rispetto delle condizioni di sicurezza, di igiene e risparmio energetico, e viene rilasciata dagli uffici comunali competenti.

Documenti personali: ritardi e sviste

Resta inteso che entrambe le parti, venditore e acquirente, devono presentare copia dei documenti di identità anagrafica, cioè carta di identità e codice fiscale, certificato che attesti lo stato civile o il regime patrimoniale, il permesso di soggiorno in caso di cittadini extracomunitari residenti in Italia.

Sembra banale, ma può capitare di arrivare alla firma di un contratto con la Carta di Identità scaduta ed essere costretti ad allungare i tempi, con malcontento di tutte le parti costrette a ripianificare l'appuntamento!

Ecco il motivo del nostro sollecitare chi inizia il percorso di vendita della propria casa a procurarsi per tempo tutti i documenti necessari.

COME VALUTARE UN IMMOBILE
per la vendita e l'acquisto

Definire il prezzo: criteri di mercato e di valorizzazione specifica

Decidendo di vendere casa privatamente è necessario stabilire un prezzo coerente altrimenti scoraggeremo gli acquirenti: ci ritroveremo magari con numerosi visitatori, ma pochi intenzionati a contrattare e a finalizzare la compravendita.

Il primo passo da fare preparando un annuncio di vendita di un immobile è assegnargli un prezzo che corrisponda realmente ai criteri del mercato.

Sbagliare la valutazione di un immobile significa veder scendere inesorabilmente la cifra di partenza e vedere invece aumentare il tempo di attesa per la conclusione dell'operazione.

Le informazioni sui prezzi medi di mercato sono ormai a disposizione su moltissimi siti istituzionali e di settore.

Il primo riferimento è il sito dell'Agenzia della Entrate che offre un servizio di consultazione delle quotazioni per provincia, città o zona-quartiere.

Non illudiamoci nel fare una richiesta 'fuori mercato' o 'non svalutiamo' il nostro immobile con una richiesta troppo bassa.

Chi verrà a visitare la nostra casa o il nostro appartamento conosce certamente i prezzi medi del mercato immobiliare di zona.

Maggiore margine di elevare il prezzo è dato dalla valorizzazione specifica, dalle migliorie che distinguono l'appartamento e l'edificio stesso: ricordiamo però di non cedere a sentimentalismi, che non ci faranno comunque vendere casa ad un prezzo 'fuori mercato'.

I fattori da considerare sono una manciata e ne resta inesorabilmente fuori il valore affettivo.

Le quotazioni immobiliari sono infatti valori che fanno riferimento ai dati che arrivano dall'Agenzia del Territorio al preposto servizio dell'Agenzia delle Entrate, cioè l'Osservatorio del Mercato Immobiliare (OMI).

Idem per acquistare:

- darsi un budget di spesa
- conoscere i prezzi di vendita di case ed appartamenti della zona che ci interessa
- essere pronti a contrattare

Ma senza troppe illusioni.

Il colpo di fortuna può capitare, un venditore può aver necessità di realizzare una vendita velocemente, ma conosce i prezzi di mercato e cercherà di averne il maggior ricavo possibile.

Quotazioni immobiliari
Cosa sono

Le quotazioni immobiliari sono indicazioni di massima sui valori del mercato residenziale, produttivo e terziario, che individuano un valore minimo e uno massimo per ogni tipologia.

Non costituiscono quindi una vera stima, ma importanti intervalli indicativi che considerano l'ordinarietà dei fabbricati e lo stato conservativo prevalente in una determinata zona.

Sono utili a tutti: al cittadino che le consulta per comprare, vendere o affittare un immobile; alle istituzioni e agli operatori del settore per avere un'indicazione affidabile sui prezzi degli immobili in una determinata zona.

Criteri di valutazione e coefficienti di merito

Quartiere o zona, stato di manutenzione, grandezza dell'abitazione, ascensore o posto auto, classe energetica...

Tra i più generici criteri di valutazione, considerati su un immobile allo stato conservativo "normale" troviamo:

- superficie totale;
- numero di locali;
- vicinanza al centro città, per gli immobili ad uso residenziale;
- vicinanza al mare o a luoghi di specifico interesse, per gli immobili residenziali in località turistiche;
- condizioni, abitazione nuova o da ristrutturare;
- soluzione indipendente.

Diverso il discorso per i coefficienti di merito, stabiliti dall'OMI dell'Agenzia delle Entrate.

Esistono dei calcolatori online e sono soprattutto disponibili le tabelle dell'Agenzia del Territorio, ma nel dubbio di assegnare al proprio appartamento un prezzo non reale è preferibile affidarsi ad un professionista.

Tra i principali coefficienti di merito si trovano:

- stato locativo (abitazione libera, affittata e con che tipo di contratto)
- piano e presenza di ascensore
- stato di conservazione
- luminosità
- esposizione e vista
- età dell'edificio
- tipo di riscaldamento
- superfici coperte e superfici ad uso terrazzo, balcone o giardino

Formula matematica e stima sintetica: ma la realtà cambia da provincia a provincia

I calcoli sono matematici e fanno riferimento alla formula

«Valore di mercato = Superficie commerciale * Quotazione al metro quadro * Coefficienti di merito»

che assegna di fatto un valore in euro per ogni metro di superficie dell'immobile.

Equivale alla superficie convenzionale vendibile, data da «somma di superfici coperte + superfici ponderate ad uso esclusivo delle terrazze, balconi, patii e giardini + quote percentuali delle superfici delle pertinenze».

Non si tratta di astruserie o calcoli impossibili, tuttavia, per la vendita e soprattutto l'affitto di appartamenti, è spesso preferibile chiedere la consulenza di un professionista dotato di conoscenze tecniche ed esperienza specifiche.

Non va dimenticato anche che il valore di un immobile può cambiare notevolmente da città a città e da provincia a provincia e dalle tecniche di costruzione quando si tratta di edifici molto recenti o nuovi.

E spesso, fattori come il rispetto delle norme antisismiche o di eco-compatibilità, fanno oggi crescere il valore, il prezzo e l'appetibilità delle case in vendita.

Essere 'fuori prezzo' non paga

Chi sta valutando l'acquisto di un immobile ha già un'idea del prezzo di mercato di ciò che cerca.

Meglio quindi non illudersi sul valore della propria casa paragonando per esempio le spese sostenute per il suo acquisto o costruzione parecchio tempo prima.

Il mercato immobiliare è in continuo cambiamento e bisogna aver ben chiare le caratteristiche di quello che si va a proporre.

Si può attribuire un valore in euro in modo comparativo e approssimativo considerando il prezzo di immobili simili, per superficie e caratteristiche, nella stessa area geografica, ma bisogna fare molta attenzione.

Sbagliare di molto la quotazione in eccesso costringerà a un minor numero di contatti potenzialmente fruttosi, molti visitatori potrebbero arrivare solo per curiosità, ma faranno offerte basse e ad un progressivo adeguamento al ribasso della cifra inizialmente richiesta.

Proporre invece in acquisto un immobile ad un prezzo troppo basso vedrà l'immobile svenduto e rapidamente, col rimpianto di non aver valutato meglio il suo valore reale sul mercato.

Cosa, quest'ultima, da evitare a meno di avere la necessità di concludere in tempi molto molto rapidi.

MARKETING IMMOBILIARE
Strategia e pianificazione

Progettare la diffusione degli annunci: vendere più in fretta e meglio

Come diffondere e dove pubblicare gli annunci immobiliari di vendita di un appartamento o di un immobile?

Su quali media online e offline?

Agire senza un piano di marketing immobiliare significa aumentare impegno e fatica, e quasi certamente allungare i tempi di ricerca dell'acquirente.

Vendere casa da privato è semplice, ma richiede il giusto impegno, ed è meglio stabilire per tempo anche la strategia, ed eventualmente il calendario di diffusione degli annunci di vendita.

L'imperativo è sempre dare visibilità.

E la maggior parte delle trattative di compravendita parte dal web.

Dare visibilità:
il web è imprescindibile e conveniente

Le prime settimane di permanenza di un annuncio sui mezzi di comunicazione sono statisticamente cruciali per la vendita di una casa, poiché si realizza il maggior numero di contatti.

Quando si decide di uscire con l'annuncio è bene farlo in modo massivo e privilegiare il marketing online:

- portali di settore specializzati nella compra-vendita immobiliare tra privati;
- mailing list di amici e conoscenti potenzialmente interessati o in grado di veicolare la disponibilità dell'immobile ad altri potenziali acquirenti;
- social network che abitualmente utilizziamo per restare in contatto con amici e colleghi.

Questi strumenti danno infatti immediata ed efficace visibilità all'immobile che viene messo in vendita perché raggiungono un elevatissimo numero di persone: ottime foto e una descrizione chiara e al tempo stesso accattivante costituiranno una prima visita virtuale.

Prepariamo quindi per tempo l'insieme delle foto e delle informazioni che i servizi di vendita immobiliare online mediamente richiedono, e 'allestiamo' una presentazione efficace dell'immobile da vendere ad un altro privato.

Affidabilità:
selezionare i siti web

Il privato che visiterà il nostro annuncio sarà colpito dalle foto e dalla descrizione che lo corredano, ma anche dalla affidabilità del portale che lo ospita.

Vendere e comprare casa è un investimento economico importante e non dobbiamo permettere che un potenziale acquirente sia scoraggiato dal dubbio che il nostro annuncio sia in qualche modo truffaldino o una perdita di tempo.

Ai primi click deve seguire un contatto interessante e rilassato, tra privati che vogliono portare avanti una potenziale trattativa in modo serio.

Un portale specializzato nella compravendita immobiliare sarà inoltre, di solito, arricchito da servizi accessori che supportano il privato che voglia vendere o comprare una casa e che avallano l'affidabilità del luogo virtuale di incontro.

Farsi trovare dall'acquirente senza intermediari

La visibilità degli annunci immobiliari online fa sì che sia il futuro acquirente a cercare direttamente l'immobile mettendosi in contatto con il venditore privato.

L'assenza di intermediari costituisce un doppio e indubbio risparmio: di tempo e di denaro.

Di tempo, perché con pochi click è possibile inserire il proprio annuncio di vendita su piattaforme che in poche settimane lo lasceranno vedere davvero da migliaia di potenziali acquirenti.

Di denaro, perché mancando un intermediario si risparmierà fino al 5% (+ Iva) sul prezzo di vendita.

Messaggi di vendita multilingua

Tra le strategie semplici di posizionamento degli annunci di vendita di un immobile c'è la scelta realizzarli in lingue diverse da quella italiana o del Paese in cui vengono pubblicati.

Cercando di posizionare il proprio immobile in vendita, si può infatti valutare di duplicare l'annuncio o parti di esso in lingue diverse.

La famigliarità con la propria lingua madre potrebbe favorire acquirenti interessati ad un immobile invogliandoli a visitare l'annuncio e sentendosi maggiormente a proprio agio, accolti per così dire, dal venditore.

Annunci immobiliari offline: risorsa sempre valida

Non dimentichiamo che i canali tradizionali mantengono il loro appeal e la loro validità.

Può sembrare banale, ma il classico cartello sulla facciata della casa da vendere lo collocherà inequivocabilmente sul mercato immobiliare della zona.

Occhio quindi a lasciare recapiti validi e leggibili e una descrizione semplice e utile, per quanto stringata sulle poche righe di un cartello 'vendesi'.

A seconda dell'area geografica in cui si trova l'immobile e delle abitudini locali, non dimentichiamo di sfruttare anche altri tipi di affissione cartacea o di pubblicità immobiliare.

Il passaparola, poi, resta valido e può essere sostenuto, per esempio, da brevi annunci sulle bacheche di esercizi commerciali o luoghi di incontro pubblico e privato.

La norma è però sempre la medesima: chiarezza del messaggio e raggiungibilità dei recapiti del venditore.

Chi non ci raggiunge agevolmente al telefono o via email o non coglie le caratteristiche uniche del nostro immobile, sarà un acquirente perso.

TASSAZIONE E FISCALITÀ IMMOBILIARE

Vendere e comprare casa: chi e quanto si paga

Una delle prime domande che ci si pone quando si decide di vendere o comprare casa è "quanto mi costerà in tasse e fisco?".

La vendita di un immobile non ne è esente, ma la casistica è varia, in particolare se si tratta di prima casa o seconda casa e, soprattutto, si differenzia per ciò che compete al venditore e all'acquirente.

La notizia genericamente buona è che la vendita di una casa acquistata da più di cinque anni non è tassata.

Non è cioè dovuto il pagamento dell'Irpef sulla plusvalenza, la differenza tra il corrispettivo ottenuto dalla vendita dell'immobile ed il suo valore all'acquisto.

E non è tassata nemmeno quando la casa venga venduta prima che siano trascorsi cinque anni se si tratta di una abitazione principale, cioè una casa che sia stata adibita, per la maggior parte del tempo, a dimora abituale del venditore o suoi familiari (il coniuge, i parenti entro il terzo grado, gli affini entro il secondo grado).

In genere la prima casa coincide con l'abitazione di residenza ma è necessario, comunque, dimostrare di avervi vissuto almeno un anno quando, per ipotesi, si abbia necessità di venderla dopo appena due anni dall'acquisto.

La plusvalenza che può essere tassata

La norma è infatti che si paghi una tassa sulla plusvalenza di vendita prima di cinque anni dall'acquisto: nell'ipotesi, per esempio, di rivendere a 250.000 euro un immobile acquistato a 200.000 un paio d'anni prima.

In questo caso la differenza sarà tassata o secondo una tassazione ordinaria, confluendo nel reddito complessivo e poi tassata a fini Irpef, secondo diversi scaglioni, o una tassazione separata.

Se il venditore sceglie questa seconda opzione e, attenzione, deve dirlo espressamente al notaio, alla plusvalenza che si genera con la vendita dell'immobile viene applicata un'imposta sostitutiva del 20%.

A carico di chi vende la casa sono ovviamente le parcelle dei professionisti cui ci si rivolge per preparare eventuali documenti mancanti, come ad esempio l'APE energetica, ad oggi non sempre in possesso del venditore, o la correzione di mappe catastatali eventualmente errate o la presentazione di volture catastali mancanti.

Tasse sulla vendita della seconda casa

Tassazione e fiscalità in caso di vendita della seconda casa sono diverse.

Ciò a motivo del minore interesse 'pubblico' rispetto al diritto all'abitazione, e quindi all'acquisto della prima casa, sancito dalla costituzione italiana.

In questo caso viene applicata la tassazione sulla plusvalenza che si è generata, anche se in periodo di recessione può darsi l'eventualità che un proprietario sia costretto a vendere ad un prezzo inferiore a quello di acquisto.

La plusvalenza che si incassa dalla vendita di una seconda casa, più i costi di acquisizione, come le spese notarili, va ad aggiungersi al reddito e viene tassato complessivamente come Irpef, solitamente con aliquota al 23% e secondo precisi scaglioni di riferimento.

Oppure, facendo espressa richiesta al notaio, viene applicata un'imposta sostitutiva del 20%.

Tasse sull'acquisto della prima casa

Negli anni sono state riconosciute molte agevolazioni a chi acquista la prima casa.

Tuttavia esistono alcune spese espressamente a carico di chi compra.

A dispetto di numerose incertezze e malintesi è chi compra a dover pagare il notaio, ma anche ad avere il diritto a scegliere il professionista di sua fiducia.

Le parti possono tuttavia decidere in modo diverso, per esempio stabilendo che sia il venditore a pagare le spese notarili, oppure che vengano divise con l'acquirente.

A carico dell'acquirente sono anche altre spese legate al rogito, come l'imposta di registro e l'IVA, ma con tariffazioni agevolate.

La prima, l'imposta di registro, prevede infatti un'aliquota al 2%, ridotta rispetto all'acquisto di una seconda casa.

La seconda, l'IVA in caso di acquisto dal costruttore, sarà del 4% invece che 10%.

Fisse invece sono le quote di imposta ipotecaria e imposta catastale, entrambe di 200 euro nel 2019.

Casistica e agevolazioni sull'acquisto della prima casa

Va ricordato che anche in altri casi la plusvalenza non viene tassata: quando l'immobile viene ricevuto in donazione (e se l'immobile era stato acquistato più di cinque anni prima) e quando viene ricevuto per successione (eredità).

E va sottolineato che restano in corso di validità non pochi bonus per valorizzare la prima casa:

- Bonus ristrutturazione
- Bonus mobili ed elettrodomestici
- Ecobonus
- Bonus tende
- Sismabonus

Imposte sull'acquisto della seconda casa

Quando si decide di acquistare una seconda casa bisogna considerare una serie di costi che non rientrano propriamente tra le tasse, ma che sono dovuti.

- Notaio
- IVA: al 10% del valore (in caso di acquisto da impresa costruttrice; non detraibile)
- Imposta di registro: al 9% del valore dell'immobile e comunque non inferiore a 1.000 euro
- Imposta catastale: varia a seconda si acquisti da privato o impresa
- Imposta ipotecaria: varia a seconda si acquisti da privato o impresa

Attenzione, poi, perché sia che la seconda casa venga abitata, sia che resti vuota o disabitata per lunghi periodi si dovrà comunque pagare la Tassa sui Rifiuti (TARI).

BONUS CASA E MUTUI 2019
La Legge di Bilancio premia
i cittadini virtuosi e previdenti

Il pacchetto di Bonus confermati o introdotti dalla Legge di Bilancio 2019 è davvero ricco e dà la possibilità a un più ampio numero di cittadini e famiglie di ammodernare la propria casa approfittando di detrazioni e vantaggi non da poco.

- Ecobonus
- Bonus Condominio
- Sismabonus
- Bonus Ristrutturazione
- Bonus Mobili ed Elettrodomestici

vediamo gli ambiti e le principali voci di revisione e spesa.

Bonus Casa 2019:
Ristrutturazione Ordinaria e Straordinaria

Il bonus per la ristrutturazione è forse quello più ambito e utilizzato dagli italiani, e a ragione, perché decisamente appetibile: è confermata anche per il 2019 la detrazione Irpef del 50% su un tetto massimo di spesa di 96.000 euro per lavori di manutenzione ordinaria e straordinaria di immobili per uso abitativo.

La detrazione viene ripartita su dieci quote annue di uguale importo e comprende non solo le spese per i materiali e le prestazioni professionali di ricostruzione, ma anche le spese di perizie e sopralluoghi, progettazione e messa in regola degli edifici.

Ecobonus 2019 e Bonus Caldaie:
premia il risparmio energetico

L'ecobonus 2019[3], che comprende il Bonus Condominio, prevede la detrazione al 65% delle spese per interventi di risparmio energetico a 360°.

Vengono, infatti, considerate varie migliorie che aiutano a risparmiare energia o disperdere meno calore:

- miglioramento termico dell'edificio (installazione di nuovi infissi, finestre, pavimenti; coibentazioni)
- sostituzione di impianti di climatizzazione invernale (con caldaie a pellet o a condensazione)
- installazione di pannelli solari
- installazione di tende da sole

Il Bonus Caldaie 2019 prevede una detrazione fino al 65% in base alla caldaia acquistata e all'efficienza dell'intero impianto.

Attenzione, è compreso nel pacchetto della Legge di Bilancio anche il Bonus Zanzariere 2019 che prevede una detrazione del 50% delle spese per l'installazione di zanzariere a schermatura solare.

La detrazione è scesa rispetto al 65% del 2018 ed è più restrittiva (la difesa solare deve essere inserita!).

Bonus Mobili ed Elettrodomestici: come funziona

La Legge di Bilancio 2019 ha prorogato di un anno le agevolazioni anche per questa voce di spesa.

Il Bonus Mobili riguarda l'acquisto di nuovi arredi, mobili ed elettrodomestici per un massimo di 10.000 euro e una detrazione Irpef fino al 50%, su 10 quote annue.

Attenzione:

- il Bonus Mobili è collegato alla ristrutturazione dell'immobile (e al Bonus Ristrutturazione!)
- i pagamenti dei mobili vanno fatti con: cosiddetto bonifico parlante, bonifico bancario o postale ordinario, carte di credito o debito, mentre non sono accettati i pagamenti tramite assegno, contante o altri mezzi.

Bonus Verde

Quella del Bonus Verde è una voce del capitolo Bonus Casa 2019 particolarmente interessante, richiesta, e che si pensa crescerà nei prossimi anni.

Non a caso è stato confermato rispetto alla Legge di Bilancio 2018.

Riguarda infatti tutti i vantaggi legati alla riqualificazione urbana del verde privato e dei giardini di interesse storico: prevede una detrazione del 36% per privati e condomini che si adoperino per riadattare terrazzi, giardini, verde condominiale e facciate di palazzi.

Sismabonus 2019: in vigore fino al 2021

L'agevolazione chiamata Sisma Bonus era già al riparo da cambiamenti rispetto alla Legge di Bilancio 2018.

Prevede la possibilità di un tempo più ampio per adeguare gli edifici alle regole antisismiche e detrarne le spese dal 75 all'85% per i condomini e dal 70 all'80% per le case singole.

La Legge di Bilancio 2019 estende inoltre la possibilità anche alle imprese e ai capannoni industriali, aprendo così un fronte di investimento e spesa molto interessante soprattutto per aziende di piccole e medie dimensioni.

MUTUI GREEN
L'eco-sostenibilità conviene

Gli istituti bancari moltiplicano le offerte

Volete ristrutturare casa?

Fatelo secondo un progetto e canoni di eco-sostenibilità, sarete premiati.

I Mutui Green sono infatti la vera novità 2019 del panorama finanziario immobiliare italiano ed europeo.

La clausola per l'erogazione di un mutuo agevolato detto 'green' è infatti il miglioramento almeno del 30% dell'efficienza energetica dell'abitazione per la cui ristrutturazione si richiede il finanziamento.

L'iniziativa è partita dalla Gran Bretagna attraverso il progetto pilota "Energy efficient mortgages pilot scheme" e dopo mesi di confronti con la Commissione UE e altri istituti di credito europei, nell'ultimo trimestre del 2018 alcune banche italiane hanno aderito alla possibilità di offrire questo nuovo prodotto finanziario:

l'Energy efficient mortgage (Eem) o Mutuo Green.

A convincere gli istituti di credito europei ed italiani, e le istituzioni che si sono lasciate coinvolgere, sono stati i numeri.

Studi di efficienza energetica e miglior rating

Gli immobili di classe energetica superiore hanno una minore incidenza di insoluti.

Gli istituti di credito italiani già da alcuni anni propongono prodotti finanziari e agevolazioni ai clienti sensibili alle tematiche della bio-edilizia e dell'efficienza energetica sia in fase di costruzione, sia di ristrutturazione.

Ora si tratta di rendere sistematica e uniforme la proposta, nei limiti ovviamente della differenziazione di ciascuna banca e della specifica necessità.

A chi conviene un mutuo Green

Un Mutuo Green conviene a tutti.

Conviene a chi lo sottoscrive, perché gode per esempio di tassi fissi finiti compresi in media tra 1,50 – 1,85 e spread compresi in media tra 0,4% (per mutui fino a 10 anni) e 2,55% (per mutui tra 16 e 20 anni), che non vanno oltre il 5% e soprattutto si abbassano ulteriormente in caso di immobili garantiti in classe energetica A o B.

Il Mutuo Green conviene inoltre alla banca stessa perché rientra in un progetto che permette di realizzare il funding sul mercato a costi più vantaggiosi e quindi condividere il vantaggio con i propri clienti.

La maggior parte delle banche propone inoltre ai sottoscrittori di mutui green altre agevolazioni, per esempio in collaborazioni con le società che erogano energia.

Comprare, ristrutturare, costruire con Mutuo Green

In sintesi può richiedere un mutuo green chi voglia prendere sul serio una ristrutturazione o una nuova costruzione rispettando dei canoni di bio-edilizia e di efficienza energetica: che non solo rispettano l'ambiente di casa e quello comune, ma sono effettivamente vantaggiosi economicamente.

Vediamo quali tipologie di mutuo green sono disponibili sul mercato.

- **Mutuo Green acquisto** – È un prodotto simile al mutuo tradizionale, ma con tassi agevolati per coloro che comprano una casa o un appartamento di classe energetica A o superiore.

- **Mutuo Green ristrutturazione** – Le agevolazioni riguardano in questo caso coloro che si impegnano a migliorare l'efficienza energetica della propria abitazione, ovvero le detrazioni fiscali legate agli Ecobonus sulla dichiarazione dei redditi.

- **Mutuo Green costruzione** – Questa è una fetta ampia delle opportunità offerte dalle banche.

Riguarda infatti l'accesso a tutte le agevolazioni in materia edilizia ecologica e riqualificazione energetica.

Non tutti sanno che, per esempio, è possibile richiedere un mutuo green anche per l'**acquisto di abitazioni prefabbricate in legno**, che ovviamente rispettino tutti gli standard di sicurezza e durata, a partire dall'ancoraggio al terreno e dalla resistenza al fuoco secondo i canoni stabiliti per legge.

RISPARMIO ENERGETICO
Perché conviene ristrutturare Green

Il discorso sul risparmio energetico merita un'appendice di approfondimento.

Studi e dati chiariscono ad ogni trimestre che risparmio energetico ed ecosostenibilità vanno a braccetto.

Insomma, preferire qualità di carburante per il riscaldamento e di materiali per costruzione e coibentazione aiuta a diminuire l'inwquinamento atmosferico e fa oggettivamente risparmiare: sia in fase di adeguamento grazie agli sgravi fiscali specifici offerti dalle ultime Leggi di Bilancio, sia nella gestione quotidiana del portafoglio di casa!

Pellet e legna: perché preferire la qualità

L'osservazione è davvero semplice: impianti a norma, ma soprattutto nuovi, costruiti secondo i nuovi canoni di attenzione all'ambiente, assicurano non solo una minore quantità di particolato inquinante nell'aria, ma anche maggiore resa calorica e quindi risparmio.

Quella tra pellet e legna, e relative stufe, è una scelta spesso facile, dettata da uno stile di pensiero che ciascun possessore si forma a poco a poco e si radica al punto da subire pochi cambiamenti nel tempo.

Nell'ultimo decennio, in Europa e in Italia in particolare, fuori dagli agglomerati urbani è aumentato esponenzialmente il numero di impianti di riscaldamento a biomassa.

Ed anche la quantità di particolato PM10 nell'aria. Per questo motivo l'Italia è sotto procedura di infrazione da parte dell'Europa e sono state introdotte sia regole più restrittive per l'utilizzo, sia standard qualitativi per le stufe e incentivi di spesa per l'acquisto di stufe a norma – meno inquinanti e più performanti dal punto di vista della resa calorica.

PM10 in città: cause e responsabilità

Degli oltre 11 milioni di stufe e camini a pellet e legna presenti in Italia, quasi la metà è stato installato prima del 2000 e solo un 10% ha meno di sette anni di vita.

I dati diffusi negli ultimi anni e nell'autunno 2018 dalle Agenzie Ambientali Regionali italiane parlano chiaro: solo il 10% del particolato rilevato nelle grandi città è dovuto al consumo di carburante da parte di veicoli diesel e mezzi pesanti.

E quasi la metà è dovuto alla combustione di biomassa fatta da impianti fuori città.

Ne deriva la necessità di dotarsi di impianti e stufe a norma, recenti e performanti, e utilizzare legna e pellet di qualità. È infatti ormai noto che:
camini aperti e stufe a legna, più ancora delle stufe a pellet, disperdono nell'aria una grande quantità di particolato.

Le stufe non a norma ne disperdono quantità ancora superiori; bruciare combustibile 'di recupero', sia di legno che di pellet, significa bruciare sostanze nocive già immediatamente per chi abita gli ambienti di utilizzo e poi per la comunità in cui i residui vengono dispersi.

Caratteristiche: come scegliere il pellet

L'utilizzo di stufe a legna e pellet, non ha solo un fascino e un sapore di indipendenza, ma anche dei vantaggi economici.

Sempre più però ci si deve chiedere se valga la pena danneggiare la propria salute per un risparmio spesso solo modesto.

Il rischio è reale, sia acquistando legna, sia acquistando pellet dei quali non si conosca l'origine.

Acquistando il pellet, in particolare, è innanzitutto opportuno, ed è utile ribadirlo, verificare la presenza dei marchi che ne certificano la rispondenza alle normative europee sulla qualità.

Il primo è il marchio ENplus, associato al codice che indica il paese e la ditta produttrice certificata.

Il secondo è il marchio A, che distingue in A1, A2 e A3 le categorie di qualità vera e propria:

- **A1**: pellet pregiato, di prima categoria;
- **A2**: pellet di qualità media;
- **A3**: pellet adatto all'uso industriale.

Anche alla vista ci sono però caratteristiche da conoscere e riscontrare.

- **Superficie** – il pellet viene realizzato ad alte temperature e una superficie liscia e uniforme indica una lavorazione scrupolosa.

- **Compattezza** – è l'altra caratteristica evidente, e garantisce anche il peso specifico. La si può verificare attraverso l'abrasione, che non deve essere mai consistente, pena l'aver eseguito il processo in modo approssimativo lasciando troppa aria nella composizione.

- **Odore** – può trarre in inganno, e distinguerlo richiede in realtà una certa esperienza, ma un buon pellet ha un odore dolce, dovuto allo scarico della lignina durante la pellettatura.

- **Colore** – una colorazione grigiastra può indicare una conservazione troppo lunga dei trucioli di legno prima della lavorazione, tuttavia per esserne certi verifichiamo il tipo di legno della composizione.

- **Lunghezza e Diametro** – Le dimensioni sono importanti sia per la velocità di combustione sia per aspirazione da parte della pompa. Verificate le misure del vostro impianto prima di un acquisto.

Le percentuali di vantaggio dell'Ecobonus

Non tutti gli adeguamenti green sono valutati allo stesso modo dalla Legge di Bilancio.

Lo Stato ha infatti deciso di premiare di più gli adeguamenti a minore emissione di particolato o più ecologicamente vantaggiosi sul lungo periodo.

Ecobonus al 65%:
dalla building automation ai generatori ibridi

Il 65% di detrazione fiscale sarà possibile per gli interventi di:

- Sistemi di building automation, cioè i sistemi che rendono automatiche e controllabili da remoto le funzioni di un edificio permettendo accensione e spegnimento secondo programmazione settimanale.

- Collettori solari o scaldacqua a pompa per la produzione di acqua calda.

- Generatori ibridi tra pompa di calore e caldaia a condensazione (espressamente progettati e assemblati dal produttore).

- Pompe di calore.

- Coibentazione delle strutture opache già esistenti di un edificio (coperture e pavimenti)

Ecobonus in discesa dal 65% al 50%

Sempre vantaggiosi alcuni tipi di adeguamento abitativo, ma un po' meno rispetto al passato:

- Finestre e infissi, pur di nuova generazione
- Schermature solari

Utile per tutti consultare il sito dell'ENEA, l'Agenzia nazionale per le nuove tecnologie, l'energia e lo sviluppo economico sostenibile www.enea.it.

[1] Istat, Comunicato Stampa, 10 gennaio 2019 www.istat.it/it/archivio/225880

[2] Istat, Statistiche, www.istat.it/it/files//2019/01/CS-abitazioni-provv-Q32018.pdf

[3] ww.agenziaentrate.gov.it/wps/file/Nsilib/Nsi/Agenzia/Agenzia+comunica/Prodotti+editoriali/Guide+Fiscali/Agenzia+informa/AI+guide+italiano/Agevolazioni+fiscali+per+risparmio+energetico+it/Guida _Agevolazioni_Risparmio_energetico.pdf

Grazie per aver scelto questa guida immobiliare !

Se vi è piaciuta vi saremo grati di proporla ai vostri amici e se possibile pubblicare una recensione.

Il passaparola è il migliore amico di un autore!

———

Puoi trovare ulteriori contenuti sulla nostra rivista online:

www.caseturismo.it

Si ringrazia:

www.vendesicasaprivatamente.it

www.ingramcontent.com/pod-product-compliance
Lightning Source LLC
Chambersburg PA
CBHW021506210526
45463CB00002B/921